AF142213

MISSION NUTRITION

VON MIGHTY MIND WARRIOR

© 2024 Alain Biankeu

Bei Fragen und Anregungen:

www.mightymindwarrior.ch

1. Auflage 2024
ISBN 978-3-759-76748-6

Alle Rechte vorbehalten. Jegliche Vervielfältigung, Verbreitung oder Übersetzung des Werkes – auch auszugsweise durch Fotokopie, Veröffentlichung oder auf elektronischem Wege – bedarf der schriftlichen Genehmigung des Verlages. Jegliche Speicherung, Verarbeitung, Vervielfältigung oder Verbreitung mittels elektronischer Systeme ist untersagt.

Tous droits réservés. Toute reproduction, distribution ou traduction de l'œuvre, même partielle par photocopie, publication ou par voie électronique, nécessite l'autorisation écrite de l'éditeur. Toute conservation, traitement, reproduction ou distribution par des systèmes électroniques est interdite.

Weitere Informationen finden sie unter
www.mightymindwarrior.ch

Herstellung und Verlag: BoD – Books on Demand, Norderstedt

www.instagram.com/mightymindwarrior

INHALTSVERZEICHNIS

1.
EINLEITUNG

Ein herzliches Willkommen zu deiner Ausgabe des Ernährungsratgebers von Mighty Mind Warrior! Dieses Buch ist sowohl für Einsatzkräfte als auch für Zivilisten gedacht, die mit unseren Trainingsplänen arbeiten und das Beste aus sich und ihrem Körper herausholen möchten. Denn für Spitzenleistungen braucht es nicht nur harte Workouts und Kampfgeist! Deine Muskeln benötigen auch die richtige Art von Treibstoff, um überhaupt Höchstleistungen erbringen zu können - und dabei meinen wir natürlich nicht Chips und Schokolade.

Dein Körper benötigt hochwertige Proteine, energiereiche Kohlenhydrate und gesunde Fette, um dich zu Höchstleistungen anzuspornen. Doch welche Nährstoffe stecken in den Lebensmitteln? Wofür braucht dein Körper diese überhaupt? Wie kannst du gesund abnehmen, trotzdem leistungsfähig bleiben und dabei noch Freude an deiner Ernährung haben? Der Nutrition Guide beantwortet all diese Fragen und noch viele mehr.

In diesem Buch erfährst du, wie du einen gesunden Lebensstil auch als Soldat, Polizist oder Rettungskraft im stressigen Alltag integrieren kannst. Praktische Tipps zur Ernährung und einfache Rezepte helfen dir, deine Leistung zu steigern und ein gesünderes Selbst zu werden, wenn du bereit bist, aktiv zu sein und an dir zu arbeiten.

Doch sei beruhigt, denn du hast bereits den ersten Schritt getan, indem du dieses Buch gekauft hast. Worauf wartest du also noch? Beginne gleich mit dem Lesen und experimentiere in deiner Küche. In diesem Sinne:

WERDE STARK - MIT MIGHTY MIND WARRIOR!

2.

DIE BASIS

Dein Körper agiert wie der Antrieb eines Sportwagens. Er kann nur effizient funktionieren, wenn er mit Energie versorgt wird. Ähnlich wie ein Auto nicht nur Benzin, sondern auch Öl, Bremsflüssigkeit, Schmierfette usw. benötigt, bedarf es auch deinem Körper einer Vielzahl von Energieträgern.

Zunächst einmal ist es wichtig, sich bewusst zu machen, welche Komponenten deine Ernährung tatsächlich ausmachen - und was alles dazugehört. Es geht nicht nur um die Nahrungsmittel, sondern auch um die Flüssigkeitszufuhr. Im Grunde genommen ist dieses Thema jedoch nicht schwer zu verstehen. Dein Körper benötigt H2O, um die Nährstoffe durch deinen Organismus zu transportieren. Deshalb solltest du deinem Körper geben, was er wirklich braucht: Wasser! Weder Säfte, Milch noch Limonaden sind für einen gesunden Lebensstil unbedingt erforderlich. Wenn du Probleme hast, geschmackloses Wasser zu trinken, kannst du auch Tee oder Kaffee (in Maßen) konsumieren. Beides sollte jedoch nicht mit Zucker gesüßt werden.

Der Körper benötigt zusätzlich täglich Energie in Form von fester Nahrung, um neben den internen körperlichen Prozessen auch weitere Aufgaben bewältigen zu können. Dein Körper hat sich über viele Jahre hinweg entwickelt und ist fähig, Außergewöhnliches zu vollbringen. Im Weiteren werden wir dir die wichtigsten Informationen zur Ernährung geben und dir dabei helfen, deine Essgewohnheiten langfristig zu verändern.

WAS HÄLT DIESES BUCH FÜR DICH BEREIT?

Dir wird hier eine klare Anleitung zur menschlichen Ernährung gegeben, um eine gezielte Nahrungsaufnahme zu ermöglichen. Wir folgen dem Prinzip "Kurz, Einfach, Verständlich". Keine überflüssigen Informationen, nur konkrete Fakten.

Die Empfehlungen basieren nicht nur auf wissenschaftlichen Erkenntnissen, sondern auch auf Erfahrungen von Soldaten, Polizisten, Leistungssportlern und Sportwissenschaftlern. In den folgenden Abschnitten erfährst du, wie du dein Gewicht halten, effektiv zunehmen oder gesund abnehmen kannst.

Du bekommst keinen vorgefertigten Ernährungsplan, sondern einen Ernährungsberater. Da wir nicht auf individuelle Unverträglichkeiten eingehen, liegt es an dir herauszufinden, welche der unten aufgeführten Lebensmittel gut für dich sind oder dir schmecken.

Du hast dich für eine Diät entschieden oder möchtest dich einfach gesünder ernähren und voller Motivation sein. Aber wie geht es jetzt weiter? Was darfst du essen und was nicht?

Wir haben für dich die bekanntesten und beliebtesten Lebensmittel aufgelistet und die Nährwerte in einer Tabelle zusammengefasst. Viele folgen dem Prinzip IIFYM (If it Fits Your Macros = Wenn es deinen Bedarf deckt), jedoch raten wir davon ab. Um beim Military Fitness optimale Ergebnisse zu erzielen, benötigt dein Körper Energie - und davon reichlich. Sowohl bei der Bundeswehr als auch im Bereich Mighty Mind Warrior verbrennt dein Körper bei entsprechender Belastung Unmengen an Kalorien, daher solltest du auch während deiner Diät ausreichend Nahrung zu dir nehmen. Selbst ein Leichtbau-Sportwagen benötigt einen vollen Tank! Genau wie du keinen Diesel in einen Benziner füllst, solltest du bei deiner Ernährung und insbesondere während der Diät darauf achten, was deinem Körper zugeführt wird

Ein Beispiel hierfür ist der Big Mac mit 550 kcal, bestehend aus 46g Kohlenhydraten, 29g Fett und 25g Eiweiß. Es ist wichtig, dass diese Werte zu deinem Kalorienbedarf passen, jedoch sollte dies nicht dein Hauptziel sein! Gib deinem Körper hochwertige Nährstoffe. Welche das sind, erfährst du im nächsten Abschnitt.

ERFOLGE SICHTBAR MACHEN - AUF EINFACHE WEISE

Es wird empfohlen, ab dem ersten Tag deine Ausgangssituation festzuhalten. Mache Fotos aus verschiedenen Blickwinkeln, die für dich relevant sind, um deinen optischen Zustand zu dokumentieren. Diese Fotos werden dir als Leitfaden während deiner Diät dienen, da die Waage nicht immer die gewünschten Ergebnisse zeigt (besonders wenn du gleichzeitig mit Krafttraining beginnst).

Warum zeigt die Waage manchmal keinen Fortschritt? Ganz einfach: Muskeln wiegen mehr als Fett. Das bedeutet, wenn du anfängst, sportlich aktiv zu werden und fit werden möchtest, kann es sein, dass du an Gewicht zunimmst anstatt abzunehmen. In solchen Situationen sind Fotos wichtig, da sie dir zusammen mit dem Spiegel neue Motivation geben! Du wirst merken, wie du dadurch neue Energie bekommst.

Für das Wiegen am Sonntagmorgen solltest du folgendes beachten: Stelle sicher, dass dein Magen leer ist und du bereits auf der Toilette warst. Licht ist beim Fotografieren entscheidend. Suche einen gut beleuchteten Ort in deiner Wohnung und mache immer zur gleichen Zeit an der gleichen Stelle ein Foto, um dich nicht selbst zu täuschen. So kannst du deine Fortschritte messen und deinem Erfolg steht nichts im Weg!

3.
MAKRONÄHRSTOFFE

Im vorigen Abschnitt haben wir den Vergleich zwischen dem menschlichen Körper und einem Motor gezogen. Es wurde betont, dass verschiedene Arten von Substanzen benötigt werden, um reibungslos zu funktionieren (Benzin, Öl, Bremsflüssigkeit usw.). Wenn wir nun den menschlichen Organismus betrachten, benötigt er Makronährstoffe, um in Schwung zu bleiben. Diese werden auch als die großen Nährstoffe bezeichnet. Konkret handelt es sich um Kohlenhydrate, Proteine und Fette. Zu den Mikronährstoffen zählen beispielsweise Vitamine und Mineralien. Wichtig ist jedoch zu wissen: Kein Makronährstoff ist schädlich für dich oder deinen Körper. Du musst einfach immer das richtige Maß von allen dreien einhalten; auch Fett ist wichtig! Wie viel Gramm Makronährstoffe du täglich zu dir nehmen solltest, hängt von deinem Alltag, deiner Ernährung und deinen körperlichen Aktivitäten ab. Im Folgenden werden dir nun die drei großen Nährstoffe vorgestellt.

KOHLEHYDRATE

Kohlenhydrate, auch als Carbs bekannt, sind ein hochwertiger und schnell verfügbarer Treibstoff für deinen Körper! Sie versorgen deinen Organismus mit Energie, damit er optimal funktionieren kann. Ballaststoffreiche Lebensmittel wie Getreideprodukte

(Haferflocken, Vollkornbrot), Obst, Gemüse und Hülsenfrüchte (Erbsen, Bohnen usw.) bilden die Grundlage der Kohlenhydratversorgung. Diese werden langsamer vom Körper aufgenommen und liefern über einen längeren Zeitraum Energie.

Im Gegensatz dazu wird Zucker vom Körper schnell aufgenommen und liefert nur für kurze Zeit Energie. Ein Übermaß an Zucker führt zu einem hohen Insulinspiegel im Körper, was überschüssige Energie in Form von Fett speichert. Daher ist es wichtig, Kohlenhydrate zu drei verschiedenen Tageszeiten zu sich zu nehmen, um deinem Körper nur dann viel Energie zuzuführen, wenn er sie wirklich benötigt. Das Frühstück ist die erste Mahlzeit des Tages, bei der Kohlenhydrate gegessen werden dürfen. Gerade morgens benötigt dein Körper Energie, um deinen Stoffwechsel anzukurbeln und fit in den Tag zu starten.

Es wird empfohlen, direkt nach dem Aufstehen ein Glas Wasser zu trinken, um den Körper zu reinigen. Etwa 30 Minuten später sollte ein ausgewogenes Frühstück eingenommen werden, zum Beispiel Haferflocken. Man spürt förmlich, wie der Körper die Energie aufnimmt und man voller Kraft in den Tag starten kann. Zwei weitere wichtige Zeitpunkte sind ein bis zwei Stunden vor dem Training, um genügend Energie für den Sport zu haben, sowie unmittelbar nach dem Training. Der Körper benötigt Energie, um den Stoffwechsel anzukurbeln, was besonders nach dem Training wichtig ist, da der Organismus erschöpft ist.

Wenn dem Körper nach körperlicher Aktivität keine Energie zugeführt wird, greift er einfach auf die Muskeln zurück. Dies beeinträchtigt das Wachstum und die Regeneration - das möchte man vermeiden! Nach dem Sport wird Maltodextrin empfohlen. Maltodextrin ist Fruchtzucker bzw. Dextrose, ein sehr schnell verfügbarer Zucker. Ja, richtig gelesen: Zucker! Dieser liefert dem Körper schnellstmöglich Energie. Wie viel davon eingenommen werden sollte, wird später erklärt.

Es ist wichtig, bei der Auswahl deiner Kohlenhydrate auf langkettige Varianten zu setzen, die in der Tabelle aufgeführt sind. Vermeide Weizenmehl, insbesondere beim Kauf von Brot und Nudeln. Achte darauf, hohe Mengen an Kohlenhydraten und Fetten zu vermeiden, da dies deinem Körper zu viel Energie zuführt und zu Fettansammlungen führen kann. Es wird empfohlen, Kohlenhydrate und Eiweiße gemeinsam einzunehmen, da die Kohlenhydrate dem Eiweiß den Weg zu deinen Muskeln öffnen.

Kohlehydrategehalt pro 100g	
Weißer Reis	75
Vollkornnudeln	68
Kartoffeln, besonders Süßkartoffeln: reich an Mineralstoffen	20
Reiswaffeln, perfekt für unterwegs	80
Haferflocken, halten lange satt dank Ballaststoffen	63
Hülsenfrüchte, Fettarm und sättigend	62
Quinoa: Reich an Proteinen und Aminosäuren	62
Erbsen	20
Linsen	14
Bohnen	60
Vollkornbrot, eine gesunde Alternative	Versch.

PROTEINE

Wenn man einen Fachmann fragt, woraus die menschliche Muskulatur hauptsächlich besteht, wird die Antwort einfach sein: Wasser und Proteine! Um deine Arme, Brust und Beine zu stärken, brauchst du genau diese beiden Bausteine. Doch wie viel ist die richtige Menge?

In einer Diät solltest du ungefähr 1,5-2,5 Gramm Eiweiß pro Kilogramm Körpergewicht zu dir nehmen. Dies verhindert, dass dein Körper Energie aus deinen Muskeln zieht. Diese sollen schließlich nicht schrumpfen, sondern erhalten bleiben, während du überflüssige Kilos verlierst.

Wann benötigt der Körper also Proteine? Ganz einfach: zu jeder Tageszeit! Zum Glück gibt es verschiedene Möglichkeiten, Proteine schnell und einfach aufzunehmen. Morgens kannst du beispielsweise einen Shake mit Whey Protein zubereiten, um deine Muskeln nach einer langen Nacht sofort mit Energie zu versorgen. Du kannst das Whey auch gut in deine Haferflocken mischen und mit heißem Wasser übergießen. So nimmst du direkt Proteine und Kohlenhydrate zu dir.

Ein Proteinshake ist auch unmittelbar nach dem Sport empfehlenswert. Auf diese Weise versorgst du deine beanspruchten Muskeln direkt mit dem Baustoff, den sie dringend benötigen. Dies fördert die Regeneration und das Wachstum erheblich.

Auch abends vor dem Schlafengehen solltest du deinen Körper mit Proteinen versorgen. Hier eignen sich insbesondere Magerquark oder Casein. Diese enthalten Mehrkomponenten-Eiweiße, die der Körper nicht sofort verwerten kann. Perfekt für uns, denn so sind wir die ganze Nacht über mit Proteinen versorgt. Veganer Sportler nutzen übrigens Hülsenfrüchte als Ersatz.

Einweisßgehalt pro 100g	
Hühnchen	27
Pute	24
Tunfisch	20
Lachs	20

Rindfleisch	21
Schweinefleisch	20
Kalbfleisch	21
Eiweiß	11
Eigelb	16
Bohnen	21
Linsen	23
Erbsen	22
Magerquark	12
Eiweißbrot	20

FETTE

Der dritte und letzte Makronährstoff ist Fett, welcher keineswegs ungesund ist, sondern ebenfalls von Bedeutung. Es gibt jedoch einen entscheidenden Unterschied zwischen gesättigten und ungesättigten Fettsäuren, auf den du achten solltest! Für eine gesunde Ernährung ist es ratsam, sich auf ungesättigte Fettsäuren zu konzentrieren, da sie deinen Körper mit Energie versorgen und sogar beim Abnehmen unterstützen.

Merke dir:

"DEIN KÖRPER BENÖTIGT FETT, UM FETT ABZUBAUEN!"

Fett reguliert den Hormonhaushalt und sorgt für eine ausgewogene Balance, um effizient Fett zu verbrennen. Es ist wichtig, Fett in Maßen zu konsumieren, idealerweise zwischen 0,7 - 1 Gramm pro Kilogramm Körpergewicht. Als 80kg schwerer Mann wären das also zwischen 56 - 80 Gramm Fett pro Tag.

Besonders essentiell sind ungesättigte Fettsäuren wie Omega-3-Fette und Omega-6-Fette (Linolesäuren), die dein Körper nicht selbst produzieren kann.

Omega-3-Fettsäuren sind besonders wichtig für das Herz-Kreislauf-System, das Immun- und Nervensystem. Ein Mangel an diesen Fettsäuren kann zu verschiedenen Krankheiten führen.

Nüsse (Paranüsse, Cashewnüsse, Haselnüsse, Pekannüsse, Pistazien,
Tunfisch
Lachs
Öl (z.B. Leinen, Walnuss, Mais, Distel)
Avocado

4.
GEMÜSE & OBST

Früchte sind nicht immer die beste Wahl! Während Gemüse in der Regel wenig Kalorien enthält und reich an Mikronährstoffen ist, solltest du beim Verzehr von Obst vorsichtig sein.

Denn auch wenn Äpfel, Bananen und Co. gesund sind, enthalten sie viel Fruchtzucker, der letztendlich zu einer Gewichtszunahme führen kann. Betrachte Früchte am besten als natürliche Energiequelle, jedoch in Maßen. (Siehe Kohlehydrate).

Die Deutsche Gesellschaft für Ernährung empfiehlt etwa 400 Gramm Gemüse und 250 Gramm Obst pro Tag.

Blattspinat, Brokkoli und Blumenkohl sind ideale Gemüsesorten, da sie reich an Mineralien und Ballaststoffen sind.

Beeren sind eine gute Wahl für Obst, da sie wenig Fruchtzucker enthalten. Bananen hingegen sind kalorienreich und sollten eher als Energiespender an besonders anstrengenden Tagen betrachtet werden.

5.
BERECHNUNG DES KALORIENBEDARFS

Nachdem du nun verstanden hast, was Makronährstoffe sind, ist es wichtig, sich mit der angemessenen Kalorienzufuhr zu beschäftigen. Dafür kannst du entweder einen Online-Rechner verwenden oder die folgenden Formeln, wenn du es ganz genau wissen möchtest.

Zuerst musst du deinen Grundumsatz berechnen (die Menge an Energie, die dein Körper in Ruhe über den Tag hinweg verbrennt). Diesen Wert berechnest du wie folgt:

Für Männer:

66,47 + (13,7 x Körpergewicht in kg) + (5 x Körpergröße in cm) - (6,8 x Alter in Jahren)

Für Frauen:

65,51 + (9,6 x Körpergewicht in kg) + (1,8 x Körpergröße in cm) - (4,7 x Alter in Jahren)

Nachdem du deinen Grundumsatz ermittelt hast, benötigst du noch den PAL (Physical Activity Level). Dieser wird benötigt, um deine körperliche Aktivität tagsüber mit dem

Grundumsatz zu berücksichtigen. Der Grundumsatz wird mit deinem PAL multipliziert und ergibt deinen täglichen Kalorienbedarf.

Die entsprechenden PAL-Werte findest du in der folgenden Tabelle:

Körperliche Belastung	PAL Wert
Schlafen	0.95
Nur Sitzen und Liegen	1.2
Ausschliesslich sitzende Tätigkeiten mit wenig oder keiner körperlichen Aktivität in der Freizeit (Bsp. Büroarbeit)	1.4-1.5
Sitzende Tätigkeiten mit zeitweilig gehender oder stehender Tätigkeit (z.B. Studierende, Fliessbandarbeit, Kraftfahrer)	1.6-1.7
Überwiegend gehende oder stehende Tätigkeit (z.B. Verkäufer, Kellner, Handwerker, Hausfrauen)	1.8-1.9
Körperlich anstrengende berufliche Tätigkeiten	2.0-2.4

Quelle: Deutsche Gesellschaft für Ernährung

Mithilfe von Grundumsatz und PAL kannst du deinen täglichen Kalorienverbrauch berechnen.

BEISPIELRECHNUNG

Hier ist ein Beispiel für einen durchschnittlichen Einsatzkraft:

23 Jahre alt,

75kg schwer,

180cm groß.

Grundumsatz: 66,47 + (13,7x75) + (5x180) - (6,8x23) = 1838,07

Dein Grundumsatz beträgt also 1838,07 kcal pro Tag. Um den Gesamtverbrauch zu ermitteln, multipliziere den Grundumsatz mit dem PAL-Wert. Für Soldaten, Polizisten und Einsatzkräfte mit anstrengendem Dienst beträgt dieser Wert 1,6. Somit ergibt sich ein Gesamtverbrauch von 2940,9 kcal.

Diese Menge an Energie muss eine Einsatzkraft täglich aufnehmen, um ihr Gewicht angemessen zu halten. Dieser Wert dient lediglich als grobe Schätzung, da der Bedarf von verschiedenen Faktoren abhängt und Einsatzkräfte je nach Aktivität im Dienst unterschiedlich viel verbrennen.

Es ist wichtig zu wissen, dass nicht jeder Mensch gleich viel verbrennt. Es gibt drei verschiedene körperliche Grundkonstitutionen:

Ektomorph, Mesomorph und Endomorph. Diese beschreiben unterschiedliche Körpertypen mit individuellen Eigenschaften.

- Ecotomorph = Oft als Hardgainer bezeichnet. Man ist von Natur aus recht schlank gebaut und tut sich schwer zuzunehmen, ist aber meist sehr definiert.

- Mesomorph = Dies beschreibt den „geborenen Athleten". Sie können schnell Muskulatur aufbauen und auch gut abnehmen.

- Endomorph = Ist man dieser Typ, nimmt man leicht zu und hat seine Probleme Gewicht zu verlieren.

Es gibt keine klaren Grenzen zwischen ihnen, sondern fließende Übergänge. Jeder neigt mehr zu einem bestimmten Typ, aber es ist wichtig zu beachten, dass diese Kategorien nicht starr sind.

6.
GEWICHTSREDUKTION & MUSKELAUFBAU

Deine Arbeitskleidung sitzt zu eng oder deine Oberteile spannen an unerwünschten Stellen? Dann ist es an der Zeit für eine Ernährungsumstellung und darauf aufbauendes Training! Doch welche Methode ist die richtige für dich? Welche Trainingspläne gibt es? Im Folgenden erfährst du mehr zu diesem Thema und wie du es am besten in deinen Arbeitsalltag integrieren kannst.

Bevor du jedoch mit deinem Trainingsprogramm startest, solltest du zunächst herausfinden, wie viele Kalorien du insgesamt zu dir nehmen darfst. Denn unabhängig von der Trainingsmethode gilt immer ein einfacher Grundsatz:

„GEWICHT WIRD IM KALORIENDEFIZIT REDUZIERT!"

Wenn du dein Gewicht halten möchtest, solltest du die empfohlene Kalorienmenge von 2941 kcal pro Tag zu dir nehmen, wie im Abschnitt zur Kalorienberechnung beschrieben. Möchtest du hingegen abnehmen, musst du weniger Kalorien zu dir nehmen als dein Körper täglich verbraucht. Das Prinzip gilt natürlich auch für dich. Indem du deinem Körper weniger Energie zuführst als er benötigt, wirst du automatisch Gewicht verlieren. Es steckt also keine Magie dahinter, sondern einfachste Mathematik.

Es ist wichtig, dass du bei deiner Abnahme darauf achtest, das überschüssige Fett an Bauch, Hüften und Po loszuwerden, ohne dabei deine Muskeln zu verlieren. Achte daher nicht nur auf eine geringere Kalorienzufuhr, sondern auch auf die richtigen Makronährstoffe.

Es ist keine Zauberei: Achte darauf, dass du in jeder Diät ausreichend Eiweiß zu dir nimmst, um deine Muskeln gut zu versorgen. Empfohlen werden durchschnittlich 1,5 bis 2 Gramm Protein pro Kilogramm Körpergewicht. Zudem ist regelmäßiges Krafttraining wichtig. Wenn dein Körper merkt, dass er seine Muskeln noch braucht, wird er sie nicht zur Energiegewinnung nutzen, selbst bei einem Kaloriendefizit. Es ist so einfach.

Falls du nicht die gewünschten Resultate bei der Gewichtsabnahme erzielst, kannst du immer noch dein Kaloriendefizit erhöhen, also weniger Kalorien zu dir nehmen. Üblicherweise liegen die Defizite zwischen 300 kcal und 500 kcal. Stark übergewichtige Personen gehen manchmal bis zu 1000 kcal, was jedoch für den durchschnittlichen Menschen keinesfalls empfehlenswert ist!

Ein Kilogramm Fett enthält ungefähr 7000 Kalorien. Wenn du also täglich ein Defizit von 500 Kalorien wählst, verlierst du alle 2 Wochen 1kg reines Fett. Das ist doch beeindruckend, oder?

Wenn es dir momentan schwerfällt, dein Kaloriendefizit zu erreichen, solltest du mehr Bewegung in deinen Alltag integrieren. Der Grund dafür ist einfach: Wenn dein Grundumsatz bei 2000 kcal liegt und du 500 kcal einsparen möchtest, entspricht das einer Reduktion von 25% der Nahrung auf nur noch 1500 kcal. Das ist eine ziemliche Belastung für deinen Körper! Wenn du jedoch durch Bewegung einen Gesamtumsatz von 2500 kcal erreichst, machen die 500 kcal nur noch 20% der Nahrung aus. Bei 3000 kcal wären es sogar nur noch knapp 15%. Das Prinzip sollte nun klar sein: Mehr Aktivität erleichtert das Abnehmen erheblich.

Zusätzlich führt eine gesteigerte sportliche Betätigung in deinem Alltag zu einem Anstieg der Muskelmasse, was wiederum deinen Grundumsatz erhöht. Krafttraining mit Muskelaufbau ist daher ideal, um deinen passiven Grundumsatz zu steigern. Mehr Muskeln bedeuten einen höheren täglichen Energieverbrauch.

Profitip: Spaziergänge sind eine effektive Methode, um deine körperliche Aktivität zu steigern. Sie sind sogar wirksamer als Joggen oder Krafttraining. Warum? Ganz einfach; es ist eine entspannte Aktivität, die deinen Appetit nicht steigert. Ein Spaziergang am Morgen oder Abend kann leicht 200-300 kcal zusätzliche Aktivität in deine Routine bringen, den Geist befreien und dir Zeit für dich selbst geben. Darüber hinaus sind täglich 10000 Schritte gut für Gelenke, Sehnen, Bänder und Muskeln. Wenn du einen anstrengenden Arbeitstag mit viel Laufen hast, ist dieser Punkt bereits durch deine berufliche Tätigkeit abgedeckt.

Nachdem du deinen Grundbedarf berechnet und deine Tendenz festgestellt hast, ist es nun an der Zeit, deine Ernährung genauer unter die Lupe zu nehmen. Denn wie du bereits weißt, musst du deine Mahlzeiten und Makronährstoffe sorgfältig planen. Es ist entscheidend zu beachten, dass Fett, Eiweiß und Kohlenhydrate unterschiedliche Kalorienwerte haben. Denke dabei immer daran, wofür jeder Makronährstoff gut ist:

Eiweiß = förderlich für die Muskeln

Fett = wichtig für den Hormonhaushalt und Gewichtsabnahme

Kohlenhydrate = liefern Energie für deinen Körper.

   Profitip: Wertvoller Tipp: Unabhängig von der Art der Ernährung wird empfohlen, eine Kalorien-Tracking-App für mindestens 3-4 Wochen zu verwenden. Nur so kannst du wirklich verstehen, welche Nährstoffe in welchen Mengen in verschiedenen Lebensmitteln enthalten sind. Diesen Ratschlag solltest du ernsthaft beherzigen. Die tieferen Einblicke, die du dadurch in Nahrungsmittel erhältst, helfen dir schneller, deinen Traumkörper oder dein Wunschgewicht zu erreichen.

   Nachdem du deinen täglichen Grundumsatz berechnet hast, findest du im nächsten Abschnitt zwei Diät-Optionen, die ideal für Personen in aktiven Berufen geeignet sind. Es wird hierbei zwischen dem Einsatz im Dienst und der Teilnahme an Lehrgängen unterschieden.

„BEREIT FÜR DEN KAMPF"-DIÄT

Als Soldat, Polizist, Retter oder Mitarbeiter in einem privaten Sicherheitsunternehmen ist es entscheidend, jederzeit einsatzbereit zu sein. Dies erfordert eine ständige Energiebereitschaft, um auch in schwierigen Situationen die Kontrolle zu behalten. Sowohl Übungen als auch körperlich anstrengende Aktivitäten erfordern einen energiegeladenen Körper.

   Die „Bereit für den Kampf"-Diät wurde entwickelt, um eine langsame und stetige Gewichtsabnahme bei konstant hohem

Energielevel zu ermöglichen. Sie zeichnet sich durch einen höheren Verzehr von Kohlenhydraten und Proteinen sowie einen geringeren Fettanteil aus. Dies führt zu einer spezifischen Verteilung der Makronährstoffe für dich:

Kohlehydrate 45%

Proteine 35%

Fett 20%

Als Einsatzkraft verbrauchst du überdurchschnittlich viele Kalorien. In der nachfolgenden Tabelle findest du eine Beispielrechnung mit 2.700 kcal für Männer und 2.300 kcal für Frauen.

Nun kennst du die Anzahl der Kalorien pro Makronährstoff, die dir in der „Bereit für den Kampf"-Diät zur Verfügung stehen würden. Um sie jedoch besser verfolgen zu können, ist es ratsam, die Kalorien in Gramm umzurechnen. Ein Gramm Eiweiß oder Kohlenhydrate entspricht 4,1 kcal und ein Gramm Fett 9,3 kcal. Verwende ganze Zahlen und lasse die Dezimalstellen weg. Die folgende Tabelle verdeutlicht diese Berechnung basierend auf den zuvor genannten Annahmen für Männer und Frauen.

Verteilung Makronährstoffe	kcal / Tag (Mann)	kcal / Tag (Frau)
Kohlehydrate (45%)	2700x0.45 = 1.215 kcal	2300x0.45 = 1035 kcal
Proteine (35%)	2700x0.35 = 945 kcal	2300x0.35 = 805 kcal
Fett (20%)	2700x0.2 = 540 kcal	2300 x 0.2 = 460 kcal

Verteilung Makronährstoffe	kcal / Tag (Mann)	kcal / Tag (Frau)
Kohlehydrate (45%)	1.215 kcal / 4.1g = 296g	1035 kcal / 4.1g = 252g
Proteine (35%)	945 kcal / 4.1g = 230g	805 kcal / 4.1 = 196g
Fett (20%)	540 kcal / 9.3 = 58g	460 kcal / 9.3 = 49g

Das heißt, männliche Einsatzkräfte könnten ungefähr 300 kcal Kohlenhydrate pro Tag konsumieren, während weibliche Einsatzkräfte etwa 250g an Carbs zu sich nehmen sollten. Diese Menge an Energie reicht aus, um die meisten Anforderungen des täglichen Dienstes erfolgreich zu bewältigen. Dies ist letztendlich das Ziel der kampfbereiten Ernährung!

DIE SEMINAR-DIÄT

Wer kennt es nicht? Ein längerer Lehrgang in einer entfernten Stadt steht bevor. Du wirst körperlich kaum gefordert und musst dich nur wenig bewegen. Ein typischer Tag in diesen Phasen besteht aus Lernen, sitzen in einem Unterrichtsraum und sehr wenig Dienstsport. Manche mögen es, andere wiederum hassen es. Aber egal zu welcher der beiden Gruppen Einsatzkräfte du gehörst, habe ich jetzt eine erfreuliche Nachricht für dich: Du kannst während Lehrgängen extrem schnell viel Fett verlieren! Und das, ohne deine Gesundheit zu gefährden und dabei viel Aufwand betreiben zu müssen. Dieses Konzept nennt sich Lehrgangs-Diät und ist im Grunde das genaue Gegenteil der „Bereit für den Kampf"-Diät. Hierbei verzichtest du auf Kohlenhydrate, nimmst dafür jedoch hohe Mengen an Fett und (wie sollte es anders sein) Eiweiß zu dir.

Wie in der „Bereit für den Kampf"-Diät findest du im Folgenden eine Verteilung der Makronährstoffe:

Kohlehydrate 20%

Proteine 30%

Fett 50%

Auf einem Lehrgang wird weniger Dienstsport oder Gefechtsübungen betrieben, weshalb der Kalorienbedarf für Männer auf 2.200 kcal und für Frauen auf 1.800 kcal geschätzt wird.

Verteilung Makronährstoffe	kcal / Tag (Mann)	kcal / Tag (Frau)
Kohlehydrate (20%)	2200x0.2 = 440 kcal	1800x0.2 = 360 kcal
Proteine (30%)	2200x0.3 = 660 kcal	1800x0.3 = 540 kcal
Fett (50%)	2200x0.5 = 1100 kcal	1800x0.5 = 900 kcal

Verteilung Makronährstoffe	kcal / Tag (Mann)	kcal / Tag (Frau)
Kohlehydrate (20%)	440 kcal / 4.1 = 107g	360 kcal / 4.1 = 87g
Proteine (30%)	660 kcal / 4.1 = 160g	540 kcal / 4.1 = 131g
Fett (50%)	1100 kcal / 9.3 = 118g	900 kcal / 9.3 = 96g

Bei der Seminar-Diät nimmst du also eindeutig mehr Fett zu dir, was einen klaren Grund hat. Wenn dein Körper weniger Kohlenhydrate erhält, seine bevorzugte Energiequelle, beginnt er vermehrt Fett als Energiequelle zu nutzen. Du musst deinem Körper jedoch auch genügend Fette zuführen!

Wenn du deine Ernährungsumstellung erfolgreich bewältigst, kannst du sogar die Zufuhr von Kohlenhydraten noch weiter reduzieren. Wenn es dir gelingt, weniger als 30-50 Gramm Kohlenhydrate pro Tag zu konsumieren, wird dein Körper sogar vollständig auf Fettverbrennung umstellen! Dadurch wirst du extrem schnell abnehmen und deine Ziele noch schneller erreichen. Dieser Umstellungsprozess dauert in der Regel etwa 3-4 Tage und kann durchaus unangenehm sein. Wenn du dich für diese strenge Form der Diät entscheidest, gibt es einige Dinge zu beachten.

Profitip: Erhöhe den Wasserkonsum während dieser Diät! Kohlenhydrate speichern Wasser in deinem Körper. Wenn du die Kohlenhydratzufuhr stark reduzierst, wirst du öfter zur Toilette müssen. Daher ist es wichtig, viel zu trinken, um deinen Wasserhaushalt auszugleichen!

Profitip: Konsumiere ausreichend Salz und ergänze deine Ernährung mit Kalium und Magnesium! Durch die vermehrte Wasserausscheidung während der Lehrgangs-Diät kommt es zu einem signifikanten Verlust an Salz, Kalium und Magnesium. Daher ist es unerlässlich, diese essentiellen Mineralstoffe über Nahrungsergänzungsmittel zuzuführen.

Folge diesen Ratschlägen und die Umstellung auf vollständige Fettverbrennung über 3-4 Tage sollte relativ problemlos sein. In dieser Phase könnten jedoch leichte Kopfschmerzen, Müdigkeit und Erschöpfung auftreten, da dein Körper von der Verbrennung von Kohlenhydraten auf Fett umstellt, auch bekannt als Ketose. Es ist vergleichbar mit der Umrüstung eines Dieselfahrzeugs auf Elektroantrieb. Die Ergebnisse werden sich jedoch lohnen, und du wirst schnell Körperfett verlieren.

Es ist wichtig zu beachten, dass du immer noch ein Kaloriendefizit einhalten musst, jedoch sollte dieses Defizit 300-400kcal nicht überschreiten!

Profitip: Achte darauf, niemals unter 30-50 Gramm Kohlenhydrate pro Tag zu bleiben! Dies ist die minimale

Menge an Kohlenhydraten, die dein Gehirn benötigt, um optimal zu funktionieren. Wenn du weniger konsumierst, könnten Schwindel, Sprachstörungen und andere Probleme auftreten. Es ist ratsam, vorher mit einem Arzt zu sprechen, wenn du unsicher bist.

Es ist wichtig, dass du in deiner Ausbildungsdiät gesunde Fette zu dir nimmst. Vermeide ungesundes Fett wie Friteusenfett. Weitere Informationen findest du im Abschnitt "Fett" in der Liste.

RESÜMEE ZU DIÄTEN

Es wurden dir nun zwei äußerst wirksame und praktische Diätformen für deinen Arbeitsalltag präsentiert. Die korrekte Durchführung erfordert jedoch nicht immer einfach, da sie Disziplin und Ehrgeiz erfordert.

Es ist völlig normal, ab und zu Fehler zu machen. Lass dich davon nicht entmutigen, sondern bleibe am nächsten Tag konsequent auf Kurs. Ein kleiner Ausrutscher wird deine gesamte Diät nicht gleich zerstören. Wenn du an sechs Tagen in der Woche diszipliniert an deinen Plänen festhältst, darfst du dir auch mal am siebten Tag eine Ausnahme gönnen.

Sei nicht überrascht, wenn du danach von einem schlechten Gewissen geplagt wirst - das ist völlig normal und kann dir eine starke Motivation geben, in der kommenden Woche wieder mit voller Kraft durchzustarten.

7.

DIE MASSEPHASE

Die Zeit der Massephase bricht an, wenn die Winterzeit einsetzt und kurze Hosen sowie Tanktops tief im Schrank verschwinden. Viele Kraftsportler starten dann ihre Aufbauphase, um gezielt Muskeln aufzubauen. Dieser Zeitraum ist auch als Massephase bekannt.

Insbesondere für Hardgainer oder ectomorphe Körpertypen ist die Massephase ein häufig verwendetes Mittel, um an Gewicht und Muskelmasse zuzulegen. Im Grunde genommen wird hier das genaue Gegenteil einer Diät praktiziert: Es herrscht kein Kaloriendefizit, sondern ein Kalorienüberschuss. Viele Anfänger verfallen jedoch in einen regelrechten Fressrausch und rechtfertigen dies mit ihrer sogenannten Massephase. Sie verschlingen alles, was ihnen in die Quere kommt. Als Einsatzkraft und Sportler muss ich dir jedoch dringend davon abraten!

Der Kerngedanke ist durchaus korrekt, dass Muskeln mit einem Kalorienüberschuss aufgebaut werden können. Diese Methode ist im Bodybuilding bestens bekannt. Jedoch erfordert eine solche Ernährungsumstellung einen detaillierten Plan, da sonst hauptsächlich eines zunimmt: Fett! Wenn du rein ästhetische Ziele verfolgst, kann dies zu einem Desaster führen. Wenn der Sommer näher rückt, musst du den Überschuss an Hüften, Po, Bauch und Rücken mühsam wieder loswerden. Dies gestaltet sich jedoch überraschend schwieriger als gedacht. Während deiner Massephase befindet sich dein Körper in einem solchen Kalorienüberschuss, dass er letztendlich den Stoffwechsel verlangsamt. Kurz gesagt: das Abnehmen fällt erheblich schwerer. Wenn du jedoch konsequent an deinem Plan festhältst, eine Aufbauphase durchzuführen, findest du im Folgenden einen detaillierten Ablaufplan dafür.

MASSEPHASE RICHTIG DURCHFÜHREN

Wenn du eine Aufbauphase erfolgreich durchführen willst lautet hierbei die wichtigste Regel:

„HÖR AUF DEINEN KÖRPER, DENN JEDER KÖRPER REAGIERT UNTERSCHIEDLICH!"

Folgende Angaben dienen als Orientierung für dich. Deine persönlichen Erfahrungen können jedoch stark davon abweichen. Achte daher genau darauf, wie sich dein Körper entwickelt und wie du dich dabei empfindest!

Zu Beginn deiner Aufbauphase ist es wichtig, einen Kalorienüberschuss von etwa 300 Kcal anzustreben, um ungefähr 0,5 Kilogramm pro Woche zuzunehmen. Überwache dein Gewicht regelmäßig und achte genau auf Veränderungen in deinem Körper. Wenn du innerhalb einer Woche bereits 1 Kilogramm zugenommen hast, keine Panik, sondern reduziere einfach etwas die Kalorienzufuhr und fahre mit einem geringeren Überschuss fort. Anfangs wirst du schnell an Gewicht zunehmen, hauptsächlich durch Wassereinlagerungen im Körper, was sich auf der Waage bemerkbar macht. Dieser Prozess wird sich jedoch bald normalisieren, wenn der Körper den Wassergehalt wieder reguliert.

Es ist wichtig, während deiner Massephase, die in der Regel 10 bis 14 Wochen dauert, deinen Kalorienüberschuss regelmäßig anzupassen. Mit zunehmendem Gewicht steigt auch dein Grundumsatz, was bedeutet, dass du mehr Kalorien verbrennst, selbst in Ruhephasen wie dem Schlaf. Wenn du deine Ernährung nicht entsprechend anpasst, wirst du irgendwann an einem bestimmten Gewicht feststecken. Zu Beginn solltest du alle 1 bis 2 Wochen deinen Bedarf neu berechnen oder alle 2 Wochen deine Kalorienzufuhr um 50-100 Kalorien erhöhen, abhängig von deinem Zunahmeprozess und der effektivsten Methode für dich.

PROBLEME MIT GEWICHTSZUNAHME

Wenn du zu den Hardgainern gehörst und trotz ausreichender Nahrungsaufnahme keine Gewichtszunahme verzeichnest, brauchst du dir keine Gedanken zu machen. Dieses Phänomen ist weit verbreitet und kann bewältigt werden. Es ist auch kein Wunder, dass es dir möglicherweise schwerfällt, 33% mehr Kalorien zu konsumieren als du es gewohnt bist.

Je nach deinen Essgewohnheiten könnten drei Mahlzeiten pro Tag bereits ausreichend sein. Dennoch solltest du strikt an deinen Kalorienbedarf halten und lieber mehrere kleine, kalorienreiche Mahlzeiten zu dir nehmen, anstatt wenige große Portionen. Viele Hardgainer finden es einfacher, sich auf diese Weise zu ernähren. Solltest du jedoch trotzdem keinen großen Hunger verspüren, gibt es nur eine Lösung: Iss trotzdem. Es ist zwar gesünder, nur dann zu essen, wenn du hungrig bist. Wenn du jedoch zunehmen möchtest, wirst du mit dieser Methode keinen großen Erfolg haben, da du sonst leicht vergessen kannst, genügend Kalorien zu dir zu nehmen. Besonders wenn du viel unterwegs bist, kann es schwierig sein, regelmäßig zu essen. Denke jedoch daran, dass du deine Kalorien benötigst, die sich beispielsweise gut in einem Shake mischen lassen.

8.
NAHRUNGS-ERGÄNZUNGSMITTEL

Nun widmen wir uns einem komplexen Thema, das oft zu Diskussionen führt: Nahrungsergänzungsmittel, auch bekannt als Supplements. Falls du bereits Erfahrungen damit gesammelt hast, merke dir diesen Satz:

NAHRUNGSERGÄNZUNGSMITTEL SIND EINE ERGÄNZUNG ZU DEINEN MAHLZEITEN - SIE SOLLEN DIESE NICHT ERSETZEN!

Viele Neulinge neigen dazu zu denken, dass ein Proteinshake eine Mahlzeit am Morgen, Mittag oder Abend ersetzen kann. Solche irrwitzigen Missverständnisse habe ich selbst in meiner täglichen Arbeit oft erlebt. Jedoch sollte man die Pulver und Kapseln immer nur als Ergänzung zur Nahrung betrachten! Wenn man z.B. viel mageres, weißes Fleisch wie Pute oder Hähnchen isst, hat man normalerweise bereits eine ausreichende Proteinzufuhr. Sollte man jedoch feststellen, dass man nicht genügend Eiweiß zu sich genommen hat, kann man diesen Mangel perfekt mit einem Proteinshake ausgleichen. Das Gleiche gilt auch für den Omega-2-, Magnesium- und Kaliumhaushalt. (Besonders bei einer Schulungsdiät sehr hilfreich).

Es ist wichtig zu verstehen, dass eine ausgewogene Ernährung in der Regel ausreicht, um auf die meisten Nahrungsergänzungsmittel zu verzichten. Gesunde Ernährung erfordert zwar Zeit und Geld, daher greift man oft schnell zu Nahrungsergänzungsmitteln.

Hast du dich dazu entschlossen, Nahrungsergänzungsmittel in deinen täglichen Ablauf zu integrieren, beginnt der Spaß erst richtig. Aus einer schier unendlichen Auswahl an Produkten hast du nun die Qual der Wahl. Als Unterstützung empfehle ich jedoch nur drei wichtige Nahrungsergänzungsmittel, die wirklich immer sinnvoll sind.

PROTEIN

Wie du bereits weißt, ist es wichtig für deinen Körper, Proteine zu sich zu nehmen, um das Muskelwachstum zu fördern und die Muskeln nach Belastungsphasen zu regenerieren. Auf dem Markt für Proteinpulver gibt es viele verschiedene Optionen, um deine Ernährung positiv zu unterstützen. Es gibt Proteinkonzentrat, Proteinisolat und auch Mehrkomponenteneiweiß oder

Casein. Im Folgenden erkläre ich dir die Unterschiede zwischen diesen drei Arten von Proteinergänzungsmitteln.

Die am häufigsten verwendete Art von Proteinpulver ist Whey Protein, ein Eiweißkonzentrat, das aus Molke gewonnen wird. Das Protein, das aus Molke extrahiert wird, kann vom Körper schnell aufgenommen werden und unterstützt den Muskelaufbau. Der Hauptunterschied zwischen Konzentrat und Isolat liegt im Eiweißgehalt, wobei das Konzentrat etwa 80% und das Isolat etwa 90% Eiweiß enthält. Zudem enthalten Isolate weniger Kohlenhydrate und Laktose. Dieser Unterschied spiegelt sich auch im Preis wider, da Isolate deutlich teurer sind. Für die Unterstützung deiner normalen Ernährung reicht jedoch ein Konzentrat oder Whey völlig aus. Es wird empfohlen, diese Varianten direkt nach dem Training zu konsumieren, um deine Muskeln sofort mit Proteinen zu versorgen.

Casein ist ein Protein, das aus Milch und Käse gewonnen wird und als Mehrkomponenteneiweiß gilt. Es hat eine niedrigere biologische Wertigkeit im Vergleich zu anderen Eiweißquellen und wird daher langsamer vom Körper aufgenommen. Dadurch versorgt es den Körper über einen Zeitraum von 6-8 Stunden mit Proteinen und dient als langanhaltende Eiweißquelle. Besonders vor dem Schlafengehen sollte man Casein zu sich nehmen, da es die Muskeln über Nacht mit Eiweiß versorgt und somit für einen gestärkten Start in den Tag sorgt. Alternativ kann man auch vor dem Schlafen gehen einfach Magerquark konsumieren, der größtenteils aus Casein besteht und somit eine gute Alternative darstellt. Mit der richtigen Zubereitung kann Magerquark auch als köstliches Abendessen dienen.

Häufig stellt sich dann noch folgende Frage:

„SOLL ICH MILCH ODER WASSER FÜR MEINEN SHAKE NUTZEN?"

Es liegt in deiner Hand. Wenn du dein Proteinpulver mit Milch einnimmst, solltest du bedenken, dass du dadurch mehr Kalorien zu dir nimmst und der Shake schwerer verdaulich sein kann. Es empfiehlt sich, beide Optionen auszuprobieren und die Mischung zu finden, die dir am besten schmeckt.

Profitip: Wenn du an Laktoseintoleranz leidest, sind keine der drei Optionen das Richtige für dich. Es existieren jedoch vegane Ersatzprodukte oder Eiweißpulver aus Eiern, die als gute Alternativen dienen können.

OMEGA KAPSELN

Es wurde bereits betont, wie entscheidend ungesättigte Fettsäuren für den Körper und die Gesundheit sind. Diese können durch den Verzehr von natürlichen Lebensmitteln wie Thunfisch, Makrelen, Lachs, Forellen und Sardinen aufgenommen werden. Wenn es jedoch schwierig ist, Fisch zu essen, können Omega-3-Kapseln eine effektive Ergänzung zur Ernährung sein.

MAGNESIUM & KALIUM

Wenn du eine strenge Diät einhältst, kann es passieren, dass dein Körper wichtige Mineralstoffe verliert. Diese müssen dann von außen zugeführt werden. Vor allem Magnesium und Kalium können bei einer strengen Diät zu Mangelerscheinungen in deinem Körper führen. Achte daher darauf, ausreichende Mengen dieser Mineralstoffe aufzunehmen. Magnesium hilft zudem, Muskelkrämpfen vorzubeugen.

9.
TIPPS FÜR EINSATZKRÄFTE

Nachdem du nun verstanden hast, welche Bedeutung Makronährstoffe haben, welche Diätformen existieren und wie du Supplements optimal nutzen kannst, ist es an der Zeit, sich deinem Alltag als Einsatzkraft zu widmen. Hierbei sind sowohl Soldaten, Polizisten, Feuerwehrleute als auch andere Retter gemeint.

Der Arbeitsalltag im Dienst des Staates kann herausfordernd, stressig und vor allem sehr lang sein. Daher ist eine sorgfältige Planung unerlässlich, um die Strapazen deiner täglichen Arbeit zu bewältigen. Es wäre ideal, einen konkreten Plan zu erstellen, in dem du deine tägliche Kalorienzufuhr schriftlich festhältst und passende Mahlzeiten um sie herum planst. Es wäre perfekt, wenn du deine Mahlzeiten abwägst, im Voraus kochst, in Behälter verpackst und sie dann jeden Tag mit zur Arbeit nimmst. Diese Vorbereitung ist bei Bodybuildern sehr beliebt: Ein gutes Beispiel dafür ist der Extremsportler Ronny Coleman, der tatsächlich auch als Polizist gearbeitet hat. Es gibt unterhaltsame Einblicke in seinen Alltag auf verschiedenen Videoplattformen.

Falls dir das jedoch zu mühsam erscheint, ist das noch lange kein Grund zur Panik. Selbst mit minimaler Vorbereitung lassen sich gute Resultate erzielen.

Die richtige Ernährung erfordert Zeit und man kann nicht immer alle Mahlzeiten mitnehmen. Im Folgenden findest du einige Ideen für verschiedene Mahlzeiten, die sowohl für

Truppenküchen der Bundeswehr und Bundespolizei als auch für Einsatzkräfte, die zu Hause leben, geeignet sind.

ESSEN IN DER TRUPPENKÜCHE

Wenn du deinen Dienst bei der Bundeswehr oder Bundespolizei verrichtest, ist der regelmäßige Besuch der Truppenküche keine Seltenheit für dich. Dort findest du alles, was du benötigst, um deine Arbeitstage erfolgreich zu bewältigen. Es gibt drei Mahlzeiten täglich. Zudem ist es wichtig zu wissen, dass Ärzte und Ernährungsexperten grundsätzlich jeden Speiseplan überprüfen und genehmigen. Zumindest wird das behauptet.

Dennoch ist es von großer Bedeutung, sorgfältig zu überlegen, was du konsumierst - und in welchen Mengen. In der Truppenküche stehen verschiedene Getränke zur Auswahl, wie Limonaden, Wasser, Tee oder Kaffee. Es wird dringend empfohlen, auf Limonaden zu verzichten und stattdessen Light-Getränke oder am besten Wasser zu wählen. Kaffee und Tee können bedenkenlos genossen werden, jedoch sollte auf die Zugabe von Zucker verzichtet werden.

Denke bei deinen Mahlzeiten auch an deine Makronährstoffe. Braucht dein Körper derzeit mehr Fett oder Kohlenhydrate - abhängig von der Diät, die du befolgst. Überlege auch, ob du wirklich eine Vorspeise und ein Dessert brauchst. Stelle dir immer die Frage: Werde ich das alles heute verbrennen? Vor allem in Ausbildungsstätten für Soldaten sind die Mahlzeiten oft sehr kalorienreich. Wenn du also nicht im Dienst bist, aber trotzdem die gleichen Portionen wie die Rekruten isst, wirst du definitiv ein Problem mit Gewichtszunahme haben.

FRÜHSTÜCK

Für jede Person im Einsatz ist es entscheidend, sich morgens mit genügend Energie zu versorgen. Egal ob im Büro oder unterwegs: Dein Körper benötigt Nährstoffe! Ein wichtiger Baustein dafür sind Kohlenhydrate. Sie versorgen deine Muskeln und dein Gehirn mit der Energie, die du für deine Aufgaben brauchst. Vollkornbrot ist eine gute Wahl, um deinen Bedarf zu decken. Auch Haferflocken oder ein Porridge sind ideal für eine leichte und dennoch energiereiche Mahlzeit. Für Proteine eignen sich Eier, Lachs, Magerquark, Schinken oder Käse hervorragend.

Es ist ratsam, Müsli zu umgehen, da es einen hohen Zuckergehalt aufweist.

Am Morgen eignen sich ungesüßter Kaffee, Tee und Wasser ideal, um deinen Körper mit Flüssigkeit zu versorgen.

MITTAGESSEN

Für das Mittagessen ist es wichtig, weiterhin auf eine ausgewogene Mischung aus Kohlenhydraten und Proteinen zu achten. Gerichte mit Fisch und Fleisch eignen sich hierfür besonders gut. Beilagen wie Reis, Kartoffeln, Spinat, Brokkoli und ähnliches liefern dir zudem die nötigen Nährstoffe, um den restlichen Tag erfolgreich zu meistern.

Die Auswahl beim Frühstück in den Kantinen der Bundeswehr und Polizei unterscheidet sich kaum, jedoch sind die Mittagsmenüs umso vielfältiger. Diese sind oft online einsehbar und immer in verschiedene Kategorien unterteilt:

Vorspeisen / Vorsuppen

Drei Hauptgerichte

Beilagen

Gemüse

Nachspeisen

Hier hast du die freie Auswahl aus verschiedenen Optionen, um dir dein ideales Mittagessen zusammenzustellen. Ein Beispiel dafür wäre:

	Montag	Dienstag
Vorspeise	Honigmelone mit Lachsschinken	Rote Beete Salat
Vorspeise	Blumenkohlcremesuppe mit Petersilie	Hühnernudelsuppe
Hauptgericht 1	Pizza-Peperoni-Salami	Rinderroulade mit Gemüsesud
Hauptgericht 2	Hähnchenbrust-"Toscana" Geflügel-Bratensoße	Lachsfilet mit Blätterteig Sause Hollandaise
Hauptgericht 3	Pasta mit Rahmsoße	Linseneintopf Wiender Geflügel-Wiener Baguettebrütchen
Vegetarisch	Vollkorn-Gemüse-Pasta mit Zitronen und Thymiansoße	Kartoffelgemüseauflauf
Beilage	Petersilienkartoffel	Kräuterreis
Gemüse	Mischgemüse	Rosenkohl/ Kaisergemüse
Nachspeise	Joghurt mit Trauben	Mousse au stracciatella Bienenstich Vanille Pudding

Achte zur Mittagszeit darauf, genügend Protein zu dir zu nehmen. Meide unbedingt die Kombination von Fetten und Kohlenhydraten! Dies führt immer zu einem Überschuss an Energie, der sich als Fetteinlagerung bemerkbar machen wird. Schau dir dazu den exemplarischen Speiseplan an. Am Dienstag besteht das zweite Hauptgericht aus Blätterteig und Sauce Hollandaise. Solche Kombinationen solltest du auf jeden Fall vermeiden!

Falls dir Desserts wichtig sind, greife immer zu Obst. Verzichte jedoch auf die verschiedenen Puddingvariationen oder Kuchen, da sie voller überflüssigem Zucker stecken!

ABENDESSEN

Es ist ratsam, beim Abendessen die Aufnahme von Kohlenhydraten zu reduzieren, da der Energiebedarf am Abend geringer ist.

Es ist ratsam, auf große Mengen Nudeln, Brot und ähnliches beim Abendessen zu verzichten. Stattdessen empfiehlt es sich, einen Salat mit Hühnchen, Eiern oder ähnlichen Zutaten zu genießen. Auch Magerquark ist eine gute Wahl, da er dich über Nacht mit ausreichend Eiweiß versorgt.

SNACKS

Snacks bestehen aus einer Vielzahl von Früchten sowie kleinen Portionen Reiswaffeln und ähnlichem. Möchtest du weiterhin Schokolade genießen, empfiehlt es sich, nach Sorten mit einem hohen Kakaogehalt zu suchen. Diese enthalten deutlich weniger Zucker im Vergleich zu Vollmilchschokolade.

ERNÄHRUNG AUSSERHALB

Es gibt nicht immer die Gelegenheit, in der Truppenküche zu essen. In solchen Situationen ist es schwierig, die passende Verpflegung zu sich zu nehmen. Schließlich ist es nicht möglich, für eine ganze Woche vorzukochen oder Essen mit zum Biwak oder anderen Übungen zu nehmen.

Es ist ratsam, Proteinriegel oder Getreideriegel mit sich zu führen, um die Ernährung positiv zu beeinflussen, wenn es möglich ist. Dadurch kannst du auf einfache Weise zumindest ein wenig zur Verbesserung deiner Ernährung beitragen.

Falls du mal einen Tag außerhalb deines Zuhauses verbringst und nicht weißt, wie du dich über den Tag hinweg ernähren sollst, empfehle ich dir, morgens einen Casein-Shake oder Magerquark zu dir zu nehmen. Auf diese Weise ist dein Körper den ganzen Tag über gut mit Proteinen versorgt. Haferflocken sind auch eine ideale Wahl für das Frühstück, da sie einen hohen Ballaststoffanteil haben und somit über einen längeren Zeitraum sättigen.

Wenn du an einer Übung in der Bundeswehr teilnimmst, wirst du mit EPAs ausgestattet. Diese enthalten je nach Ausführung fast 3.600 Kilokalorien! In kalten Regionen gibt es auch spezielle "arktische Varianten" mit einem Energiewert von 5.000 kcal! Denke daran, wenn du deine Feldration zusammenstellst. Beachte daher die folgenden Grundsätze, wenn du für längere Zeit im Einsatz oder bei Übungen bist und nicht vorkochen kannst:

- Saft sollte nur in Maßen genossen werden, da er einen hohen Zuckergehalt aufweist.

- Es ist ratsam, Kohlenhydrate wie Brot und Nudeln nicht zusammen mit fetthaltigen Lebensmitteln wie Käse zu kombinieren.

- Streben Sie danach, genügend Protein zu konsumieren, eventuell durch den Verzehr eines Riegels unterstützt.

- Es ist entscheidend, regelmäßig genug Wasser zu trinken, um den Stoffwechsel in Schwung zu halten.

Es gibt Zeiten, an denen es schwierig ist, seinen Plan einzuhalten. Doch das ist kein Grund zur Verzweiflung. Da man sich normalerweise viel bewegt, bleibt der Stoffwechsel aktiv und der Körper verzeiht gelegentliche Ausnahmen. Bleib dran und optimiere stets deine Ernährung!

10.
SCHLUSSBETRACHTUNG

Du hast jetzt sämtliche Lernmaterialien durchgearbeitet und verstanden, wie Ernährung tatsächlich wirkt. Ein fundiertes Grundwissen ist unübertroffen, um deine Ernährung im Laufe der Jahre immer wieder an dich und deine Lebenssituation anzupassen.

Sobald du dein Wunschgewicht erreicht hast, ist es wichtig, deine Ernährung gesundheitsbewusst zu gestalten und konsequent zu bleiben. Auf diese Weise kannst du langfristig Erfolge erzielen und sie dann auch aufrechterhalten!

Im World Wide Web versprechen zahlreiche Personen den ultimativen Weg, um in kürzester Zeit eine große Menge an Gewicht zu verlieren oder durch teure Programme die perfekte Diät zu finden. Es ist wichtig, dass du stets bedenkst, was für dich und deinen Körper am besten ist und nun weißt du, worauf es bei einer ausgewogenen Ernährung ankommt.

Das Gleiche trifft auf Nahrungsergänzungsmittel zu. Der Markt ist riesig und es gibt derzeit für fast jeden Bereich irgendwelche fantastischen Pillen oder Pulver. Der Körper kann jedoch nicht einfach um 180 Grad gedreht werden, indem man irgendein Extrakt einnimmt. Konzentriere dich auf dich selbst, optimiere deine Ernährungsgewohnheiten und verfolge unbeirrt deine Ziele.

TEILE DEINE ERFAHRUNGEN MIT UNS UND WERDE TEIL DER MMW COMMUNITY!

ÜBER DEN AUTOR

Autor: Alain Biankeu, Mighty Mind Warrior

Lassen Sie sich von diesem außergewöhnlichen Buch inspirieren.. Der Autor, bekannt für seine optimistische Lebenseinstellung, zeigt uns, wie man mit Zuversicht und Freude jeden Tag in vollen Zügen genießen kann. Erfolg kommt nicht von ungefähr, das weiß er nur zu gut. Mit dem Credo „Von nichts kommt nichts" und einer unerschütterlichen Entschlossenheit hat er bewiesen, wie man durch harte Arbeit und Beständigkeit seine Ziele erreichen kann.

Dieses Buch vermittelt wertvolle Prinzipien und Strategien für körperliches Training und Fitness, die jeder anwenden kann, unabhängig von den individuellen Ausgangsbedingungen. Es zeigt, dass es immer Raum für persönliches Wachstum und Verbesserung gibt, und ermutigt dazu, niemals aufzuhören, an sich zu arbeiten. Die Bodenständigkeit und die Wertschätzung für die kleinen Freuden des Lebens, die der Autor verkörpert, machen seine Erkenntnisse besonders zugänglich und motivierend.

Mit unermüdlichem Ehrgeiz und der Bereitschaft, ständig neue Herausforderungen anzunehmen, inspiriert der Autor dazu, Höchstleistungen im Training zu erzielen und die individuelle Fitness zu optimieren. Dieses Buch ist ein wertvoller Leitfaden für alle, die auf der Suche nach einem fitteren, gesünderen und ausgeglicheneren Leben sind.

Entdecken Sie, wie Sie durch positive Einstellung, harte Arbeit und unstillbaren Ehrgeiz Ihr volles körperliches Potenzial entfalten können. Lassen Sie sich von diesem Werk begeistern und finden Sie Ihre eigene Freude am Training und an einem fitten Lebensstil!